D0117266

Symphony No. 5
in E Minor, Op. 64

Peter Ilyitch
TCHAIKOVSKY

DOVER PUBLICATIONS, INC.
Mineola, New York

Published in Canada by General Publishing Company, Ltd., 30 Lesmill Road, Don Mills, Toronto, Ontario.

Published in the United Kingdom by Constable and Company, Ltd., 3 The Lanchesters, 162–164 Fulham Palace Road, London W6 9ER.

Bibliographical Note

This Dover edition, first published in 1998, is a republication of the work originally published by Breitkopf & Härtel, Leipzig, n.d.

International Standard Book Number: 0-486-40133-2

Manufactured in the United States of America
Dover Publications, Inc., 31 East 2nd Street, Mineola, N.Y. 11501

Contents

To Theodor Ave-Lallement

Symphony No. 5
in E Minor, Op. 64
(1888)

I. Andante—Allegro con anima 1

II. Andante cantabile, con alcuna licenza 55

III. *Valse:* Allegro moderato 77

IV. *Finale:* Andante maestoso—Allegro vivace 96

INSTRUMENTATION

3 Flutes [Flöten, Fl.]
Flute 3 doubles Piccolo
2 Oboes [Oboen, Ob.]
2 Clarinets in A [Klarinetten, Klar.]
2 Bassoons [Fagotte, Fag.]

4 Horns in F [Hörner, Hr.]
2 Trumpets in A [Trompeten, Trp.]
3 Trombones [Posaunen, Pos.]

Timpani* [Pauken, Pk.]

Violins 1, 2 [Violine, Viol.]
Violas [Viola]
Cellos [Violoncell, Vcll.]
Basses [Kontrabaß, Kb.]

*Timpani tunings include the following German terms:

As = A-flat   *Des* = D-flat
B = B-flat   *Fis* = F-sharp
Cis = C-sharp   *Gis* = G-sharp

H = B-natural

Symphony No. 5

in E Minor, Op. 64

I

Andante (𝅗𝅥 = 80)
Flöten I II
Flöte III (Piccolo)
Oboen I II
Klarinetten in A I II
a 2
p
più f
mf
Fagotte I II
Hörner in F I II III IV
Trompeten in A I II
Posaunen I II
Posaune III Tuba
Pauken in G, D, E
Andante (𝅗𝅥 = 80)
Violine I
Violine II
tenuto
Viola
pesante e tenuto sempre
Violoncell
Kontrabaß
cresc.
9
Klar. I II
Viol. I
Viol. II
Viola
Vcll.
Kb.

Klar. I II
Fag. I II
Viol. I
Viol. II
Viola
Vcll.
Kb.
A
a 2
Allegro con anima (♩. = 104)
I. Solo
Klar. I
Fag. I

46
Fl. I
Klar. I II
Fag. I
Viol. I
Viol. II
Viola
Vell.
Kb.
pp grazioso e leggiero
grazioso e leggiero
sempre ppp
sempre ppp
sempre ppp
sempre ppp
sempre ppp
53
Fl. I II III
Ob. I II
Klar. I II
Fag. I II
Hr. I II
III IV
Viol. I
Viol. II
Viola
Vcll.
Kb.
I. II. a 2
a 2
poco cresc.
poco cresc.
B
a 3
a 2
II. III.
mp
p
pp
B

59
Fl. II III
Ob. I II
Klar. I II
Fag. I II
Hr. I II III IV
Viol.I
Viol.II
Viola
Vcll.
Kb.
63
C
I
Fl. II
III
I.
IV.

67
I
Fl. II
III
Ob. I II
Klar. I II
Fag. I II
Hr. I II
IV
Trp. I II
Pos. I II
III
Pk.
Viol. I
Viol. II
Viola
Vcll.
Kb.
mp
ff
mf
f
a 2
I.
p

72
Fl. I
II
III
Ob. I II
Klar. I II
Fag. I II
Hr. I II
IV
Trp. I II
Pos. I II
III
Pk.
Viol. I
Viol. II
Viola
Vcll.
Kb.

77
I
Fl. II
III
Ob. I II
Klar. I II
Fag. I II
Hr. I II
III IV
Trp. I II
Pos. I II
III
Pk.
Viol. I
Viol. II
Viola
Vcll.
Kb.
a 2
mf
mp
ff
f
p

82
D
I
Fl. II
III
Ob. I II
a 2
Klar. I II
Fag. I II
Hr. I II
III IV
Trp. I II
Pos. I II
Pos. III Tuba
Pk.
Viol. I
Viol. II
Viola
Vcll.
Kb.
ff
f

87
Fl. I II III
a 3
sempre - - ff
Ob. I II
sempre - ff
Klar. I II
a 2
Fag. I II
sempre ff
Hr. I II
III IV
Trp. I II
Pos. I II
Pos. III Tuba
Pk.
Viol. I
Viol. II
Viola
Vcll.
Kb.

93
Fl. I II III
a 3
Ob. I II
Klar. I II
a 2
Fag. I II
Hr. I II
III IV
Trp. I II
Pos. I II
sempre ff
Pos. III Tuba
sempre ff
Pk.
Viol. I
Viol. II
Viola
Vcll.
Kb.

99
E
Fl. I II III
Ob. I II
Klar. I II
Fag. I II
Hr. I II
III IV
a 2
Trp. I II
Pos. I II
Pos. III Tuba
Pk.
Viol. I
Viol. II
Viola
Vcll.
Kb.

106
Fl. I II III
Ob. I II
Klar. I II
Fag. I II
Hr. I II III IV
Trp. I II
Pos. I II
Pos. III Tuba
Pk.
Viol. I
Viol. II
Viola
Vcll.
Kb.

F
Fl.
Ob.
Klar.
Fag.
Hr.
Trp.
Pos.
Pos. III Tuba
Pk.
Muta G in A
(A - D - E)
Viol. I
Viol. II
Viola
Vcll.
Kb.
molto espr.
mf cresc.
Poco meno animato
string.

132
Tempo I
Fl. I II
Ob. I II
Klar. I II
Fag. I II
Hr. I II III IV
Pos. III
Viol. I
Viol. II
Viola
Vcll.
Kb.
espr.
cresc.
pizz.
140
G
Fag. I
arco

150
Un pochettino più animato
Ob. I II
Klar. I II
Fag. I II
Hr. I II
III IV
Un pochettino più animato
Viol. I
Viol. II
Viola
Vcll.
Kb.
pizz.
arco
sempre pizz.
159
III

167
Molto più tranquillo (♩. = 92)
Fl. I
Ob. I II
Klar. I II
Fag. I II
Hr. I II III
molto cantabile ed espr.
sempre pizz.
Viol. I
Viol. II
Viola
Vcll.
Kb.
175
H
Fl. I II III
Ob. I II
Klar. I
Fag. I II
Hr. I II III IV
p cresc.
mf
f
f dim.
meno f
mp
div.
arco

183
stringendo
Fl. I II III
Ob. I II
Klar. I II
Fag. I II
Hr. I II III IV
Trp. I II
Pos. I II
Pos. III Tuba
Pk.
(A, D, E)
Viol. I
Viol. II
Viola
Vcll.
Kb.
unis.
div.
p cresc. molto
mf cresc.
p cresc.
f
fp

Tempo I (♩. = 104)
191
a 3
- - - - al
Fl. I II III
Ob. I II
Klar. I II
Fag. I II
Hr. I II
III IV
Trp. I II
Pos. I II
Pos. III Tuba
Pk.
f cresc.
fff
ff
Tempo I (♩. = 104)
- - - - al
Viol. I
Viol. II
Viola
Vcll.
Kb.
unis.
unis.

199
I
Fl. I II III
a 3
I II a 2
III
Ob. I II
a 2
f cresc.
Klar. I II
Fag. I II
Hr. I II
III IV
Trp. I II
Pos. I II
Pos. III Tuba
Pk.
Viol. I
Viol. II
Viola
Vcll.
Kb.

207
Fl. I II III
Ob. I II
Klar. I II
Fag. I II
Hr. I II
III IV
Trp. I II
Pos. I II
Pos. III Tuba
Pk.
Viol. I
Viol. II
Viola
Vcll.
Kb.
a 2
a 3
I
ff
f

214
K
Klar. I II
Fag. I
Soli
Hr. I II III IV
Soli
K
Viol. I
Viol. II
Viola
Vcll. Kb.
223
Ob. I
Klar. I II
Fag. I II
Hr. I II III IV
Viol. I
Viol. II
Viola
Vcll.
Kb.

231
Ob. I II
Klar. I II
Fag. I II
Hr. I II III IV
Viol. I
Viol. II
Viola
Vcll.
Kb.
mf
238
L
I II a 2
Fl. I II III
Ob. I
Klar. I II
Fag. I II
Hr. I II III IV
Tuba
a 2
f
p

245
Ob. I II
Klar. I II
a 2
Fag. I II
Hr. I II
Tuba
Viol. I
Viol. II
Viola
Vcll.
Kb.
cresc.
253
M
I II a 2
III
a 3
Fl. I II III
Ob. I II
Klar. I II
Fag. I II
Hr. I II III IV
Trp. I II
Pos. I II
Pos. III Tuba
Pk.
Viol. I
Viol. II
Viola
Vcll.
Kb.
div.

258
a 2
Fl. I II
III
Ob. I II
Klar. I II
Fag. I II
Hr. I II
III IV
Trp. I II
Pos. I II
Pos. III Tuba
Pk.
Viol. I
Viol. II
unis.
div.
Viola
Vcll.
Kb.

263
a 2
Fl. I II
III
Ob. I II
ff dim.
Klar. I II
ff dim.
Fag. I II
ff dim.
Hr. I II
ff dim.
III IV
ff dim.
Trp. I II
Pos. I II
Pos. III Tuba
Tuba
mf
Pk.
muta A in G, D in B, E in D
Viol. I
Viol. II
unis.
Viola
Vcll.
Kb.
mf

269
N
Ob. I II
Klar. I II
Fag. I II
Hr. I II III IV
Tuba
Viol. I
Viol. II
Viola
Vcll.
Kb.
276
Fl. I II
a 2
a 3
cresc.
ff
f
mf

282
Fl.
Ob.
Klar.
Fag.
Hr.
Trp.
Pos.
Pos.III
Tuba
Pk.
Viol.I
Viol.II
Viola
Vcll.
Kb.
a 2
f cresc.
cresc.
ff
f
III
I
(G, B, D)
div.

288
a 2
Fl.
I
II
III
muta in
Fl. picc.
Ob.
Klar.
Fag.
Hr.
Trp.
Pos.
Pos.III
Tuba
Pk.
Viol.I
Viol.II
Viola
Vcll.
Kb.

293
O
Picc.
Fl. I II
a 2
Ob. I II
Klar. I II
Fag. I II
Hr. I II
III IV
Trp. I II
Pos. I II
Pos.III Tuba
Pk.
p poco a poco cresc.
Viol. I
Viol. II
unis.
Viola
Vcll.
Kb.

299

Picc.

Fl. I II

Ob. I II

Klar. I II

Fag. I II

Hr. I II

III IV

Trp. I II

Pos. I II

fff

Pos. III Tuba

fff

Pk.

ff

Viol. I

Viol. II

Viola

Vcll.

Kb.

306
Picc.
P
ff
muta in Fl. III
a 2
Fl. I II
f
Ob. I II
Klar. I II
Fag. I II
Hr. I II
III IV
Trp. I II
Pos. I II
Pos. III Tuba
Pk.
muta B in H, D in E
Viol. I
Viol. II
Viola
Vcll.
Kb.

313
Q
Ob. I II
Klar. I II
Fag. I
Solo
Hr. I II
III IV
Pos. I II
Pos. III Tuba
Viol. I
Viol. II
Viola
Vcll. Kb.
mf
dim.
p
pp
323
I

330
Fl. I II
Ob. I II
Klar. I II
Fag. I II
Viol. I
Viol. II
Viola
Vcll. Kb.
337 R
Fl. II III
Ob. I II
Klar. I II
Fag. I II
Hr. I II III IV
R
Viol. I
Viol. II
Viola
Vcll.
Kb.

342
Fl. I
Fl. II
Fl. III
Ob. I II
Klar. I II
Fag. I II
Hr. I II
Hr. III IV
Trp. I II
Pos. I II
Pos. III
Pk.
(G, H, E)
Viol. I
Viol. II
Viola
Vcll.
Kb.

347
Fl. I
II
III
Ob. I II
Klar. I II
Fag. I II
Hr. I II
IV
Trp. I II
Pos. I II
III
Pk.
Viol. I
Viol. II
Viola
Vcll.
Kb.

353
S
I
Fl. II
III
Ob. I II
Klar. I II
Fag. I II
I II
Hr.
III IV
Trp. I II
Pos. I II
Pos. III Tuba
Pk.
S
Viol. I
Viol. II
Viola
Vcll.
Kb.
a 2
IV
f
mp
ff
mf
p

359
Fl. I II III
Ob. I II
Klar. I II
Fag. I II
Hr. I II III
Trp. I II
Pos. I II
Pos. III Tuba
Pk.
Viol. I
Viol. II
Viola
Vcll.
Kb.
I II
a 3
a 2
II
I
div.
unis.

365
T
Fl. I II III
Ob. I II
Klar. I II
Fag. I II
Hr. I II
III IV
Trp. I II
Pos. I II
Pos. III Tuba
Pk.
T
Viol. I
Viol. II
Viola
Vcll.
Kb.

372
Fl. I II III
Ob. I II
Klar. I II
Fag. I II
Hr. I II III IV
Trp. I II
Pos. I II
Pos. III Tuba
Viol. I
Viol. II
Viola
Vcll.
Kb.
molto espr.
mf cresc.
381
Poco meno animato
string.
ff largamente

389
Tempo I
I. II.
Fl. I II
Ob. I II
Klar. I II
Fag. I II
Hr. I II
III IV
Trp. I II
Pos. I II
Pos. III
III
Pk.
Tempo I
Viol. I
Viol. II
Viola
Vcll.
Kb.
pizz.
mf cresc.
mp cresc.

397
U
Hr. I II
Trp. I II
Pos. I II
Pos. III
Viol. I
Viol. II
Viola
Vcll.
arco
407
Un pochettino più mosso
Ob. I II
Klar. I II
Fag. I II
Hr.
III IV
Pos. III Tuba
pizz.
sempre pizz.
Kb.

415
Ob. I II
Klar. I II
Fag. I II
Hr. I III IV
Viol. I
Viol. II
Viola
Vcll.
Kb.
sempre pizz.
423
Molto più tranquillo come sopra
Fl. I
Molto più tranquillo come sopra
p molto cantabile ed espr.
p molto cantabile ed espr.

430
Fl. I II III
Ob. I II
Klar. I II
Fag. I II
Hr. I
III IV
Viol. I
Viol. II
Viola
Vcll.
Kb.
437
V
p cresc.
mf
f dim.
meno f
mp
div.
unis.
arco

443
stringendo - - - - - al -
I.II.
a 3
p cresc. molto
mf cresc.
f cresc.
Fl. I II III
Ob. I II
Klar. I II
Fag. I II
Hr. I II III IV
Trp. I II
Pos. I II
Pos. III Tuba
Pk.
Viol. I
Viol. II
Viola
Vcll.
Kb.
div.
f
fp
p cresc. molto

450
Tempo I
Fl. I II III
Ob. I II
a 2
Klar. I II
Fag. I II
Hr. I II III IV
Trp. I II
a 2
Pos. I II
Pos. III Tuba
Pk.
fff
Tempo I
Viol. I
Viol. II
unis.
Viola
unis.
Vell.
Kl.

457
W
Fl. I II III
Ob. I II
Klar. I II
Fag. I II
Hr. I II
III IV
Trp. I II
Pos. I II
Pos. III Tuba
Pk.
Viol. I
Viol. II
Viola
Vcll.
Kb.
a 2
I II a 2
III
a 3
ff
fff
f cresc.
f

464
a 3
I
a 3
Fl. I II III
Ob. I II
Klar. I II
Fag. I II
Hr. I II III IV
Trp. I II
Pos. I II
Pos. III Tuba
Pk.
Viol. I
Viol. II
Viola
Vcll.
Kb.
471 X
Klar. I
Hr. I II III IV
X
Viol. I
Viol. II
Viola
Vcll.
Kb.

480
Fl. I II III
Ob. I II
Klar. I II
Fag. I II
Hr. I II III IV
Trp. I II
Pos. I II
Pos. III Tuba
Pk.
Viol. I
Viol. II
Viola
Vcll.
Kb.

Y
487
a 3
a 2
Fl. I II III
Ob. I II
Klar. I II
Fag. I II
Hr. I II III IV
Trp. I II
Pos. I II
Pos. III Tuba
Pk.
Viol. I
Viol. II
Viola
Vcll.
Kb.

495
Fl. I II III
Ob. I II
Klar. I II
Fag. I II
Hr. I II
III IV
Trp. I II
Pos. I II
Pos. III Tuba
Pk.
Viol. I
Viol. II
Viola
Vcll.
Kb.
cresc.
f cresc.
pp
poco a poco cresc.

Z
503
Fl. I II III
Ob. I II
Klar. I II
Fag. I II
Hr. I II
III IV
Trp. I II
Pos. I II
Pos. III Tuba
Pk.
Z
Viol. I
Viol. II
Viola
Vcll.
Kb.
fff
ff

509
Aa
Fl. I II III
Ob. I II
Klar. I II
Fag. I II
Hr. I II III IV
Trp. I II
Pos. I II
Pos. III Tuba
Pk.
Viol. I
Viol. II
Viola
Vcll.
Kb.
a 2
dim.
f
mf

516
Fl.
Ob.
Klar.
Fag.
Hr.
Trp.
Pos.
Pos. III Tuba
Pk.
Viol. I
Viol. II
Viola
Vcll.
Kb.

523
Bb
Klar. I II
p
a 2
Fag. I II
pp
Hr. I II
I. II
Trp. I II
I. II
Pos. III
Tuba
Pk.
pp
Bb
Viol. I
Viol. II
Viola
Vcll.
p
pp
Kb.
p
pp
531
Fag. I II
pp
ppp
ppp
Pk.
ppp
ppp
Viol. I
Viol. II
Viola
Vcll.
pp
ppp
Kb.
pp
ppp

II

Andante cantabile, con alcuna licenza (♩. = 54)
Flöten I II
Flöte III (Piccolo)
Oboen I II
Klarinetten in A I II
Fagotte I II
I. Solo
dolce con molto espress.
Hörner in F I II III IV
Trompeten in A I II
Posaunen I II
Posaune III Tuba
Pauken in Fis, Gis, D
Andante cantabile, con alcuna licenza (♩. = 54)
Violine I
Violine II
Viola
Violoncell
Kontrabaß
11
animando - - - - riten.
A sostenuto
I. Solo
Klar. I
Hr. I
Viol. I
Viol. II
Viola
Vcll.
Kb.

18
animando
sostenuto
Klar. I
Hr. I
Viol. I
Viol. II
Viola
Vcll.
Kb.
23
Con moto (♩. = 60)
I. Solo
dolce espr.
animato
Ob. I
dolce
28
sostenuto (♩. = 50)
mf espress.
Fag. I
dolce,

33
Tempo I (♩. = 54)
animando
riten.
Sostenuto
Fl. I II III
Ob. I
Klar. I II
Fag. I II
Hr. III
a 2
a 3
II III a 2
mp espress.
mf espress.
Viol. I
Viol. II
Viola
Vcll.
Kb.
molto espress.
38
Poco più animato
riten.
Hr. I II III IV

44
Tempo I
B
a 2
animando
riten.
Fl. I II
Ob. I
Klar. I II
Fag. I II
Hr. I II
III IV
con noblezza
Viol. I
Viol. II
Viola
Vcll.
Kb.
pizz.
arco
cresc.
49
animando
C
Poco più mosso
cresc. poco a poco
Fl. I II
III
Ob. I II
Klar. I II
Fag. I II
Hr. I II
III IV
Pos. III
con desiderio
div.
Viol. I
Viol. II
Viola
Vcll.
Kb.

54
Tempo I (♩. = 54)
animando
riten.
Fl.
Ob.
Klar.
Fag.
Hr.
Trp.
Pos.
Pos. III
Tuba
III.
Pk.
muta Fis in G
Viol. I
Viol. II
Viola
div.
Vcll.
Kb.

59
Più animato (♩.=72)
riten.
Poco meno (♩.=60)
Fl. I
Fl. II
Klar. I II
Fag. I II
Hr. I II
III IV
Pos. II
Pos. III Tuba
Viol. I
Viol. II
unis.
Viola
Vcll.
Kb.
64
Moderato con anima (♩=100)
I. Solo
Klar. I
Fag. I
Viol. I
Viol. II
Viola
Vcll.
Kb.
sempre p
pizz.

70
Klar. I
Solo
Fag. I II
Viol. I
Viol. II
Viola
pizz.
arco
Vcll.
Kb.
75
D
a 2
Fl. I II III
Ob. I II
Klar. I II
Fag. I II
Hr. I II III IV
Viol. I
Viol. II
Viola
Vcll.
Kb.

81
a 2
E
I
Fl.
I II
III
Ob.
Klar.
Fag.
Hr.
III IV
mf
f
ff
I. Solo
9
Viol. I
Viol. II
Viola
Vcll.
Kb.
86
a 3
F
div.
p
Vcll. Kb.

92
Fl.
Ob.
Klar. I
Fag.
Viol. I
Viol. II
Viola
Vcll.
Kb.
unis.
pizz.
95
Stringendo
a 3
cresc.
a 2
Hr.
Trp.
Pos. III
Tuba
Pk.
arco

99
Tempo precedente (𝅗𝅥 = 100)
I
Fl. II
III
Ob. I II
Klar. I II
Fag. I II
a 2
Hr. I II
III IV
Trp. I II
Pos. I II
Pos. III Tuba
Pk.
Tempo precedente (𝅗𝅥 = 100)
Viol. I
Viol. II
div.
unis.
Viola
Vcll.
Kb.

Tempo I
Fl.
Ob.
Klar.
Fag.
Hr.
Trp.
Pos.
Pos. III
Tuba
muta G in Fis
Pk.
Tempo I
sul G
molto espr.
pizz.
Viol. I
Viol. II
Viola
Vcll.
Kb.
I Solo
mf molto espr.
Ob. I

116
G animando
riten.
sostenuto
Ob. I II
Klar. I II
Fag. I II
Hr. I II
Hr. IV
mf
mf espr.
a 2
Viol. I
Viol. II
Viola
Vcll.
Kb.
arco
mp
120
animando
sostenuto
Fl. I II III
a 3
Tuba
pp
ff

124
H
animando
riten.
Fl. I II III
Ob. I II
Klar. I II
Fag. I II
Hr. I II
III IV
Pos. III
Viol. I
Viol. II
Viola
Vcll.
Kb.
mf
mf cresc.
f cantabile
a 2
sul G
f cresc.
ff
mp
128
Più mosso (♩. = ♩ = 72)
I III a 2
II IV a 2
Hr. I III II IV
div.
Vcll. Kb.
cresc.
dim.

Un poco più animato (♩. = ♩ = 80)
Fl. I II III
Ob. I II
Klar. I II
Fag. I II
Hr. I II III IV
Tuba
Viol. I
Viol. II
Viola
Vcll. Kb.
Vcll.
Kb.
cresc.
a 2
a 3
unis.
I

ritenuto
Andante mosso (♩. = ♩ = 66)
140
I II a 2
III
muta in Fl. picc.
Fl.
Ob.
Klar.
Fag.
Hr.
Trp.
Pos.
Pos. III Tuba
Pk.
a 2
cresc.
I
ritenuto
Andante mosso (♩. = ♩ = 66)
Viol. I
Viol. II
Viola
Vcll.
Kb.
fff con anima
div.

animando
riten.
animando un poco
144
Fl. I II
Ob. I II
Klar. I II
Fag. I II
Hr. I II
III IV
Trp. I II
Pos. I II
Pos. III Tuba
Pk.
Viol. I
Viol. II
Viola
Vcll.
Kb.
cresc.
con desiderio e passione

148
(♩.=♩=69)
K
Picc.
Fl. I II
Ob. I II
Klar. I II
Fag. I II
Hr. I II
III IV
Trp. I II
Pos. I II
Pos. III Tuba
Pk.
Viol. I
Viol. II
Viola
Vcll.
Kb.
ff
fff
cresc.
a 2
f cresc.
con tutta forza
unis.

152
Molto più andante
animando
riten.
muta in 3. Fl.
Picc.
Fl. I II
Ob. I II
Klar. I II
Fag. I II
Hr. I II III IV
Trp. I II
Pos. I II
Pos. III Tuba
Pk.
Viol. I
Viol. II
Viola
Vcll.
Kb.
a 2

156
Più animato
riten.
Allegro non troppo
Fl. I II
III
Ob. I II
Klar. I II
Fag. I II
ten.
ten.simile
a 2
Hr. I II
III IV
Trp. I II
Pos. I II
Pos.III Tuba
Pk.
Viol. I
Viol. II
div.
unis.
Viola
Vcll.
Kb.

162
Fl.
Ob.
Klar.
Fag.
Hr.
Trp.
Pos.
Pos.III
Tuba
Pk.
Viol. I
Viol. II
Viola
Vcll.
Kb.
fff
a 2
mf

166
ritenuto
Tempo I (♩.=54)
Klar. I II
Fag. I II
Hr. I II
III IV
Pos. I
III
Viol. I
Viol. II
Viola
Vcll.
Kb.
pizz.
arco
dolciss.
div.
172
Fl. I II III
II III

176
Fl. I II III
II III
III
Klar. I II
Fag. I II
Hr. I II III IV
Viol. I
Viol. II
Viola
Vcll.
Kb.
pp
pizz.
unis. arco
180
a 2
ritenuto molto
ppp
arco
div.
unis. arco
p

III

Valse
Allegro moderato (♩ = 138)
Flöten I II
Flöte III Piccolo
Oboen I II
Klarinetten in A I II
Fagotte I II
ten.
p
Hörner in F I II III IV
I ten.
Trompeten in A I II
Pauken Fis, Cis
Allegro moderato (♩ = 138)
Violine I
dolce con grazia
Violine II
pizz.
arco
Viola
Violoncell
Kontrabaß

10
A
Fl.
Ob.
Klar.
Fag.
Hr.
Viol. I
Viol. II
Viola
Vcll.
Kb.
dolce
arco
a 2
19
a 3
Solo
pizz.

28
Klar. I II
a 2
Hr. I III II IV
I III a 2, sons bouchés/gestopft
II IV a 2, sons bouchés/gestopft
Viol. I
arco
pizz.
Viol. II
Viola
Vcll.
Kb.
37
B
C
Fl. I II III
Ob. I II
Klar. I II
dolce
Fag. I II
Hr.
II sons bouchés/gestopft
IV sons bouchés/gestopft
p cresc.

46
D
III muta in Picc.
Fl. I II III
Ob. I II
Klar. I II
Fag. I II
Solo
a 2
I III a 2
II IV a 2
Hr. I III II IV
Viol. I
Viol. II
Viola
Vcll.
Kb.
mf cresc.
57
Fl. I II
Klar. I II
Fag. I II
I II a 2
p cresc. al
cresc. al
pizz.
Viol. I
Viol. II
Viola
Vcll.
Kb.

66
Fl. I II
Klar. I II
Fag. I II
Hr. I II III IV
Viol. I
Viol. II
Viola
Vcll.
Kb.
arco
p spiccato assai
74
Ob. I II
Klar. I II
Fag. I II
Hr. I II
Pk.
Viol. I
Viol. II
Viola
Vcll. e Kb.

79
E
Ob. I II
Klar. I II
Fag. I II
Hr. I II
Pk.
Viol. I
Viol. II
Viola
Vcll.
p spiccato assai
84
Kb.

89
Picc.
Fl. I II
a 2
Ob. I II
I
II
Klar. I II
Fag. I II
Hr. I II
III IV
Viol. I
Viol. II
Viola
Vcll.
Kb.
94
F
div.
div.pizz.

99
Picc.
muta in Gr. Fl.
Fl. I II
Klar. I II
Fag. I
Viol. I
Viol. II
div. pizz.
Viola
Vcll.
Kb.
104
G
Fl. I II
Ob. I II
Klar. I II
Fag. I
Hr. I II III
Trp. I II
Viol. I
Viol. II
unis. pizz.
unis. arco
Viola
unis.
Vcll.
pizz.
Kb.

109
Fl. I
Klar. I II
Fag. I II
Hr. I II
III IV
Trp. I II
Viol. I
Viol. II
Viola
Vcll.
Kb.
114
H
Fl. I
II
Ob. I II
Klar. I II
Fag. I II
Hr. I II
III

119
Ob. I II
Klar. I II
Fag. I II
Hr. I II
Hr. III IV
III
II
mf
div.
Viol. I
Viol. II
Viola
Vcll.
Kb.
124
unis.
unis. arco
arco

129
Ob. I II
Klar. I II
Fag. I II
Hr. I II
Pk.
Viol. I
Viol. II
Viola
Vcll. Kb.
134
Vcll.
Vcll. Kb.

139
Ob. I II
Klar. I II
Fag. I II
Hr. I II
muta Fis in F, Cis in C
Pk.
Viol. I
Viol. II
Viola
Vcll.
Kb.
I
pizz.
144
a 2
dolce
arco
pizz.

149
K
II III a 2
Fl. II III
Ob. I II
Fag. I II
Hr. I II III IV
Viol. I
Viol. II
Viola
Vcll.
Kb.
dolce
pizz.
155
Solo
Klar. I II
pizz.

163
Ob. I
Klar. I II
Fag. I
Hr. I II III IV
Viol. I
Viol. II
Viola
Vcll.
Kb.
mf
a 2
p
sons bouchés / gestopft
pizz.
arco
172
L
dolce
pizz.
arco
p

180
M
Fl. I II III
a 3
mf
Ob. I II
a 2
mf
Klar. I II
mf
Fag. I II
I
mf
II IV a 2 sons bouchés/gestopft
Hr. II IV
p
Viol. I
M
p cresc.
Viol. II
p cresc.
Viola
p cresc.
Vcll.
p cresc.
Kb.
p cresc.
188
Fl. I II III
f
Ob. I II
f
a 2
f
Klar. I II
f
f
Fag. I II
f
f
f
Hr. I III II IV
I III a 2
II IV a 2
mf
Viol. I
mf cresc.
f
mf cresc.
Viol. II
mf cresc.
f
mf cresc.
Viola
mf cresc.
f
mf cresc.
Vcll.
mf cresc.
f
mf cresc.
Kb.
mf cresc.
f
mf cresc.

196
N
Fl. I II III
Ob. I II
Klar. I II
Fag. I II
p Solo
I
cresc.
f
Hr. I III II IV
mf
N
Viol. I
pizz.
mf
f
Viol. II
pizz.
Viola
pizz.
p
Vcll.
pizz.
Kb.
pizz.
205
Fl. I II
I II a 2
p cresc.
Klar. I II
a 2
p cresc.
Fag. I II
a 2
p cresc.
Viol. I
Viol. II
Viola
mp
Vcll.
Kb.
mp

213
220
O
Fl. I II III
Ob. I II
Klar. I II
Fag. I II
Hr. I II III IV
Pk.
Viol. I
Viol. II
Viola
Vcll.
Kb.
a 2
arco
pizz.
pesante
cresc.

229
Fl. I II III
Ob. I II
Klar. I II
Fag. I II
Hr. I II III IV
Pk.
Viol. I
Viol. II
Viola
Vcll.
Kb.
a 2
ff
I II a 2
III
f
pesante
cresc.
mf
muta F in A
C in D
arco
ff
238
P
pp
p
pizz.

248
Q
Klar. I II
mf
dim.
pp
mf
dim.
pp
Fag. I II
mf
dim.
pp mf
dim.
pp
Viol. I
arco
Viol. II
Viola
Vcll.
Kb.
258
a 3
Fl. I II III
Ob. I II
Klar. I II
Fag. I II
Hr. I II III IV
Trp. I II
Pk.
ff

IV

Finale
Andante maestoso (𝅗𝅥=80)
Flöten I II
Flöte III (Piccolo)
Oboen I II
Klarinetten in A I II
Fagotte I II
Hörner in F I II III IV
Trompeten in A I II
Posaunen I II
Posaune III Tuba
Pauken in G, C, E
Andante maestoso (𝅗𝅥=80)
Violine I
Violine II
Viola
Violoncell
Kontrabaß
II
a 2
Tuba
6
Klar. II
Fag. I II
Hr. III IV
Tuba
Viol. I
Viol. II
Viola
Vcll.
Kb.
IV

13
A
Klar. I II
Fag. I II
a 2
Hr. I II
Hr. III IV
Trp. I II
Tuba
Viol. I
Viol. II
Viola
Vcll.
Kb.
pizz.
poco a poco cresc.
18
Pos. I II
Pos. III Tuba
legatissimo
arco

24
Fl. I II III
a 3
p ma marcato
più f
Ob. I II
a 2
p ma marcato
più f
Klar. I II
a 2
p ma marcato
più f
Fag. I II
p ma marcato
a 2
più f
Hr. I II
p ma marcato
a 2
più f
mf
III IV
Viol. I
Viol. II
p
arco legatissimo
mf
Viola
p
più f
mf
Vcll.
più f
mf
Kb.
più f
mf
28
Fl. I II III
ff
Ob. I II
ff
Klar. I II
ff
Fag. I II
simile
ff
Hr. I II
simile
f
Viol. I
Viol. II
f
Viola
f
Vcll.
f
Kb.
f

32
B
Fl. I II III
Ob. I II
Klar. I II
Fag. I II
Hr. I II
Viol. I
Viol. II
Viola
Vcll.
Kb.
p
pp
cresc.
f
36
Trp. I II
III IV
simile
ff
mf
I
3

40

a 3

Fl. I II III fff ff

Ob. I II fff ff

Klar. I II 3 ff 3 ff

Fag. I II 3 ff

Hr. I II ff

III IV ff

Trp. I II ff ff

Pos. I II I f ff

Pos. III Tuba ff

Pk.

Viol. I arco ff 3 ff

Viol. II 3 3 3 ff 3 ff

Viola ff ff

Vcll. 3 ff ff

Kb. ff

45
C
Fl. I II III
Ob. I II
a 2
Klar. I II
Fag. I II
Hr. I II III IV
Trp. I II
Pos. I II
Pos. III Tuba
Pk.
Viol. I
Viol. II
Viola
Vcll.
Kb.

55
Allegro vivace (alla breve) (𝅗𝅥=120)
Fl.
I II
III
I II a 2
pp
ff
Ob.
a 2
f
Klar.
I
pp
f
ff
Fag.
pp
f
ff
Hr.
I II
III IV
f
Trp.
Pos.
Pos. III
Tuba
Pk.
cresc.
mf
più f
Allegro vivace (alla breve) (𝅗𝅥=120)
Viol. I
Viol. II
Viola
Vcll.
Kb.
pp
f
ff
pp cresc.
mf

63
a 2
Fl.
Ob.
Klar.
Fag.
Hr.
Trp.
Pos.
Pos. III Tuba
Pk.
Viol. I
Viol. II
Viola
Vcll.
Kb.

70
D
a 3
ff
a 2
Fl. I II III
Ob. I II
Klar. I II
Fag. I II
Hr. I II III IV
sf
mf
Trp. I II
Pos. I II
Pos. III Tuba
Pk.
Viol. I
Viol. II
Viola
Vcll.
Kb.
f
3

E
75
Fl. I II III
Ob. I II
I. Solo
mf
Klar. I II
I
mf
Fag. I II
a 2
I
mf
Hr. I II III IV
ff
Trp. I II
ff
Pos. I II
ff
Pos. III Tuba
ff
Pk.
ff
muta C in A
E
Viol. I
fff
Viol. II
fff
p
Viola
fff
p
Vcll.
fff
Kb.
fff

83
Fl. I
Ob. I
Klar. I
Fag. I
Hr. I
Viol. I
Viol. II
Viola
Vcll.
Kb.
pizz.
arco
89
Fl.
Ob. I
Klar.
Fag.
a 2

95
F
Fl.
I
II
III
Ob.
Klar.
Fag.
Hr.
IV
Viol. I
Viol. II
Viola
Vcll.
Kb.
arco
101

106
Fl.
Ob.
Klar.
Fag.
Hr.
Trp.
Pos.
Pos. III
Tuba
Pk.
Viol. I
Viol. II
Viola
Vcll.
Kb.
mf
sff
ff

112
G
a 2
Fl.
I
II
III
Ob.
Klar.
Fag.
Hr.
IV
Trp.
Pos.
Pos. III
Tuba
Pk.
Viol. I
Viol. II
Viola
Vcll.
Kb.
cresc.
ff
fff
sf
mf
sff
f
p cresc.
al
divisi

H
119
Fl. I II III
a3
I II
mf espr.
Ob. I II
mf espr.
Klar. I II
mf
mf espr.
Fag. I II
a2
dim.
mf
p
mf
Hr. I II
p
III IV
Trp. I II
Pos. I II
a2
ff
mf
pp
mp
pp
Pos. III Tuba
a2
ff
mf
pp
Pk.
muta A in C
dim.
pp
H
Viol. I
mp
mf
Viol. II
p
mf
Viola
p
mf
Vcll.
dim.
p
mf
Kb.
unis.
dim.
p
mf

129
Fl. I II
Ob. I II
Klar. I II
Fag. I II
Hr. I II
III IV
Viol. I
Viol. II
Viola
Vcll. Kb.
137
Tuba
cresc.
poco cresc.

145
I II
Fl. I II III
Ob. I II
Klar. I II
Fag. I II
Hr. I II III IV
Tuba
Viol. I
Viol. II
Viola
Vcll. Kb.
ff
mf
f
a 2
a 3
I
153
muta in Fl. picc.
dim.
p

161
K
Fl. I II
Ob. I II
Klar. I II
Fag. I II
Hr. I II
III IV
Trp. I II
Pos. I II
Pos. III Tuba
Pk.
Viol. I
Viol. II
Viola
Vcll.
Kb.
dim.
p
f
a 2
mf

168
Picc.
cresc.
ff
Fl. I II
a2
Ob. I II
Klar. I II
Fag. I II
Hr. I II
mf cresc.
f
Hr. III IV
Trp. I II
Pos. I II
Pos. III Tuba
Pk.
Viol. I
Viol. II
Viola
Vcll.
Kb.

174
Picc.
Fl. I II
Ob. I II
a 2
Klar. I II
Fag. I II
Hr. I II
III IV
Trp. I II
Pos. I II
Pos. III Tuba
ff
Pk.
Viol. I
Viol. II
Viola
Vcll.
Kb.

180
L
Picc.
a 2
Fl. I II
Ob. I II
Klar. I II
Fag. I II
Hr. I II III IV
Trp. I II
Pos. I II
Pos. III Tuba
Pk.
Viol. I
Viol. II
Viola
Vcll.
Kb.

188
Picc.
Fl. I II
Ob. I II
Klar. I II
Fag. I II
Hr. I II
III IV
Trp. I II
Pos. I II
Pos. III Tuba
Pk.
Viol. I
Viol. II
Viola
Vcll.
Kb.
ff
a 2

195
M
Picc.
Fl. I II
a 2
Ob. I II
Klar. I II
Fag. I II
Hr. I II III IV
Trp. I II
Pos. I II
Pos. III Tuba
Pk.
Viol. I
Viol. II
Viola
Vcll.
Kb.
ff

204
N
Picc.
Fl. I II
Ob. I II
Klar. I II
Fag. I II
a 2
Hr.
I II
III IV
Trp. I II
Pos. I II
a 2
Pos. III Tuba
Pk.
Viol. I
feroce
Viol. II
feroce
Viola
Vcll.
Kb.
fff
ff
f

212
muta in Fl. III
Picc.
Fl. I II
Ob. I II
a 2
Klar. I II
Fag. I II
Hr. I II
Hr. III IV
Trp. I II
Pos. I II
Pos. III Tuba
Pk.
Viol. I
Viol. II
Viola
Vcll.
Kb.

220
Fl. I II III
Ob. I II
Klar. I II
Fag. I II
Hr. I II
III IV
Trp. I II
Pos. I II
Pos. III Tuba
Pk.
Viol. I
Viol. II
Viola
Vcll.
Kb.

227
Fl. I II
III
Ob. I II
Klar. I II
Fag. I II
Hr. I II
III IV
Trp. I II
Pos. I II
Pos. III Tuba
Pk.
Viol. I
Viol. II
Viola
Vcll.
Kb.
a 2
O
ff
234
ff marcatissimo largamente
fff

242
a 3
Fl. I II III
Ob. I
Klar. I
Fag. I II
a 2
fff
Viol. I
Viol. II
Viola
Vcll. Kb.
ff
simile
249
un poco dim.
ff marcatissimo
dim.
256
P
a 2
mf
f

262
Ob. I II
Klar. I II
Fag. I II
Hr. I II
III IV
Tuba
Viol. I
Viol. II
Viola
Vell.
Kb.
dim.
268
Vell. Kb.

278
Q
Ob. I II
Klar. I II
Fag. I II
Hr. III IV
III IV
dim.
pp
Viol. I
Viol. II
Viola
Vcll.
Kb.
sf dim.
289
Poco più animato
a 3
a 2
Fl. I II III
Trp. I II
Pos. I II
Pos. III Tuba
Pk.
sempre pp
div.
ff

299
Fl. I II III
Ob. I II
Klar. I II
a 2
Fag. I II
a 2
fff
Hr. I II III IV
sff
Trp. I II
sff
ff
Pos. I II
a 2
ff
Pos. III Tuba
a 2
ff
Pk.
Viol. I
fff
Viol. II
div.
fff
Viola
fff
Vcll.
unis.
fff
Kb.
fff

309
Tempo I
Fl. I II III
Ob. I II
Klar. I II
Fag. I II
Hr. I II
III IV
Trp. I II
Pos. I II
Pos. III Tuba
Pk.
Tempo I
Viol. I
Viol. II
unis.
Viola
Vcll.
Kb.

315
Fl. I II III
Ob. I II
Klar. I II
Fag. I II
Hr. I II
III IV
Trp. I II
Pos. I II
Pos. III Tuba
Pk.
Viol. I
Viol. II
Viola
Vcll.
Kb.
ff
mf
sf
fff

323
R
Fl. I II III
Ob. I II
I Solo
Klar. I II
Fag. I II
Hr. I II
III IV
Trp. I II
Pos. I II
Pos. III Tuba
Pk.
muta G in A, C in H, E in Cis
R
Viol. I
pizz.
Viol. II
Viola
Vcll.
pizz.
arco
Kb.

330
Fl.
Ob.
Klar.
Fag.
Hr.
Viol. I
Viol. II
Viola
Vcll.
Kb.
a 2
I II a 2
pizz.
arco
mf
f
337
S
sf
p
II

343
Fl. I II
Ob. I II
Klar. I II
Fag. II
Hr. I II
III IV
Trp. I II
Pos. I II
Pos. III Tuba
in A, H, Cis
Pk.
Viol. I
Viol. II
Viola
Vcll.
Kb.

349
Fl. I II
Ob. I II
Klar. I II
Fag. I II
Hr. I II
III IV
Trp. I II
Pos. I II
Pos. III Tuba
Pk
Viol. I
Viol. II
Viola
Vcll.
Kb.
mf
sff
cresc.
ff

355
T
Fl. I II III
Ob. I II
Klar. I II
Fag. I II
Hr. I II III IV
Trp. I II
Pos. I II
Pos. III Tuba
Pk.
Viol. I
Viol. II
Viola
Vcll.
Kb.
a 3
a 2
div.
p cresc.
mf cresc.
al

361
Fl. I II III
Ob. I II
Klar. I II
Fag. I II
Hr. I II III IV
Trp. I II
Pos. I II
Pos. III Tuba
Pk.
Viol. I
Viol. II
Viola
Vcll.
Kb.

367
a 2
U
Fl. I II
III
Ob. I II
Klar. I II
Fag. I II
Hr. I II
III IV
Trp. I II
Pos. I II
Pos. III Tuba
Pk.
Viol. I
Viol. II
Viola
Vcll.
Kb.
unis.
fff
dim.
mf
ff

376
Fl.
Ob.
Klar.
Fag.
Hr.
Trp. I
Pos.
Pos. III
Tuba
Pk.
muta A in Fis, Cis in E
Viol. I
Viol. II
Viola
Vcll.
Kb.

383
Fl.
I
II
Ob.
Klar.
Fag.
Hr.
IV
Trp.
Pos.
Pos. III
Tuba
Pk.
Viol.I
Viol.II
Viola
Vcll.
Kb.

390
V
Fl.
I
II
cresc.
ff
Ob. I II
Klar. I II
Fag. I II
Hr.
I II
III IV
mf
f
Trp. I II
Pos.
III
pp poco cresc.
mf
Pk.
Viol. I
Viol. II
Viola
Vcll.
Kb.
poco cresc.
3

397
W
Fl. I II
III
Ob. I II
Klar. I II
Fag. I II
Hr. II
IV
Trp. I
Pos. III
Viol. I
Viol. II
Viola
Vcll. Kb.
a 2
ff
mf
mp
f
405
a 3
dim.
p
Fl. I II III
Trp. I

X
414
I
Fl. II
III
Ob. I II
Klar. I II
a 2
Fag. I II
Hr.
I II
IV
Trp. I II
Pos.
II
III
Pk.
Viol. I
Viol. II
Viola
Vcll.
Kb.
f
mf
cresc.
mf cresc.

420
I
Fl. II
III
Ob. I II
Klar. I II
Fag. I II
Hr. I II
Hr. III IV
Trp. I
Pos. I II
Pos. III
Pk.
Viol. I
Viol. II
Viola
Vcll.
Kb.

426
Poco meno mosso
Fl. I II
III
Ob. I II
Klar. I II
Fag. I II
Hr. I II
III IV
Trp. I II
Pos. I II
Pos. III Tuba
Pk.
Poco meno mosso
Viol.I
Viol.II
Viola
Vcll.
Kb.
a 2
II
sempre con tutta forza

431
Fl.
I II
III
a 2
ff
Ob. I II
II
Klar. I II
Fag. I II
fff
Hr.
I II
III IV
Trp. I II
Pos. I II
Pos. III Tuba
mf
f
Pk.
cresc.
Viol. I
Viol. II
Viola
Vcll.
Kb.

Molto vivace
436
Fl.
I II
III
Ob. I II
Klar. I II
II
sempre fff
Fag. I II
sempre fff
Hr.
I II
III IV
Trp. I II
sempre fff
Pos. I II
Pos. III Tuba
Pk.
ff
Molto vivace
Viol. I
Viol. II
fff
Viola
sempre fff
Vcll.
sempre fff
Kb.
sempre fff

443
Fl. I II III
a 3
sempre fff
Ob. I II
a 2
sempre fff
Klar. I II
Fag. I II
Hr. I I
III IV
sempre fff
Trp. I II
3
Pos. I II
Pos. III Tuba
Pk.
Viol. I
sempre fff
Viol. II
Viola
Vcll.
Kb.

451
Y
Fl. I II III
Ob. I II
Klar. I II
Fag. I II
a 2
Hr. I II III IV
Trp. I II
Pos. I II
Pos. III Tuba
Pk.
Y
Viol. I
Viol. II
Viola
Vcll.
Kb.
fff

460
riten. molto
Fl. I II III
Ob. I II
Klar. I II
Fag. I II
Hr. I II III IV
Trp. I II
Pos. I II
Pos. III Tuba
Pk.
fff
riten. molto
Viol. I
Viol. II
Viola
Vcll.
Kb.

472
Moderato assai e molto maestoso
Fl. I II III
Ob. I II
a 2
Klar. I II
Fag. I II
Hr. I II III IV
Trp. I
Pos. I II
Pos. III Tuba
Pk.
ff
f
Moderato assai e molto maestoso
largamente
div.
Viol. I
Viol. II
Viola
Vcll.
Kb.

477
Fl. I II III
Ob. I II
Klar. I II
Fag. I II
Hr. I II
III IV
Trp. I II
Pos. I II
Pos. III Tuba
Pk.
Viol. I
Viol. II
Viola
Vcll.
Kb.

482
Z
a 2
Fl.
ff
Ob.
Klar.
Fag.
Hr.
Trp.
I
Pos.
Pos. III
Tuba
Pk.
Z
Viol. I
Viol. II
unis.
Viola
unis.
Vcll.
Kb.

487
Aa
Fl. I II
III
Ob. I II
a 2
Klar. I II
Fag. I II
Hr. I II
III IV
Trp. I II
a 2 marciale, energico, con tutta
Pos. I II
Pos. III Tuba
Pk.
fff
Aa
Viol. I
Viol. II
Viola
Vcll.
Kb.

491
Fl.
I
II
III
Ob.
a 2
Klar.
Fag.
Hr.
IV
Trp.
forza
Pos.
Pos. III
Tuba
Pk.
Viol. I
Viol. II
Viola
Vell.
Kb.

495
a 2
Fl.
I
II
III
Ob.
Klar.
Fag.
marcatissimo
Hr.
IV
Trp.
Pos.
Pos. III
Tuba
Pk.
Viol. I
Viol. II
Viola
Vcll.
Kb.

499
Bb
Fl. I II
III
Ob. I II
Klar. I II
Fag. I II
Hr. I II
III IV
Trp. I II
Pos. I II
Pos. III Tuba
Pk.
Bb
Viol. I
Viol. II
Viola
Vcll.
Kb.
sfff

504
Presto (𝅗𝅥=144)
Fl. I II III
Ob. I II
Klar. I II
Fag. I II
Hr. I II III IV
Trp. I II
Pos. I II
Pos. III Tuba
Pk.
Presto (𝅗𝅥=144)
Viol. I
Viol. II
Viola
Vcll.
Kb.
a 3
a 2
cresc. al
cresc.
p
mf
f
ff
fff

511
Cc
Fl. I II III
p
cresc.
Ob. I II
a 2
Klar. I II
a 2
Fag. I II
Hr. I II
f
ff
III IV
Trp. I II
Pos. I II
p cresc.
mf
Pos. III Tuba
fff
Pk.
Cc
Viol. I
Viol. II
Viola
Vcll.
Kb.

518
Fl. I II III
Ob. I II
Klar. I II
Fag. I II
Hr. I II
III IV
Trp. I II
Pos. I II
Pos. III Tuba
Pk.
Viol. I
Viol. II
Viola
Vcll.
Kb.
a 2
fff

525
Dd
Fl. I II III
Ob. I II
Klar. I II
Fag. I II
Hr. I II
III IV
Trp. I II
Pos. I II
Pos. III Tuba
Pk.
Dd
Viol. I
Viol. II
Viola
Vcll.
Kb.

532
a 2
Fl. I II
III
Ob. I II
Klar. I II
Fag. I II
Hr. I II
III IV
Trp. I II
Pos. I II
Pos. III Tuba
Pk.
Viol. I
Viol. II
Viola
Vcll.
Kb.
sempre fff

541
Molto meno mosso (𝅗𝅥. = 96)
Fl.
Ob.
fff
Klar.
a 2
Fag.
Hr.
Trp.
fff
Pos.
Pos. III Tuba
Pk.
Molto meno mosso (𝅗𝅥. = 96)
Viol. I
Viol. II
Viola
Vcll.
Kb.

548
Ee
Fl.
I
II
III
a 2
Ob.
Klar.
Fag.
Hr.
IV
Trp.
Pos.
Pos. III
Tuba
Pk.
Ee
Viol. I
Viol. II
Viola
Vcll.
Kb.

END OF EDITION

DOVER FULL-SIZE ORCHESTRAL SCORES

THE SIX BRANDENBURG CONCERTOS AND THE FOUR ORCHESTRAL SUITES IN FULL SCORE, Johann Sebastian Bach. Complete standard Bach-Gesellschaft editions in large, clear format. Study score. 273pp. 9 × 12. 23376-6 Pa. **$11.95**

COMPLETE CONCERTI FOR SOLO KEYBOARD AND ORCHESTRA IN FULL SCORE, Johann Sebastian Bach. Bach's seven complete concerti for solo keyboard and orchestra in full score from the authoritative Bach-Gesellschaft edition. 206pp. 9 × 12. 24929-8 Pa. $11.95

THE THREE VIOLIN CONCERTI IN FULL SCORE, Johann Sebastian Bach. Concerto in A Minor, BWV 1041; Concerto in E Major, BWV 1042; and Concerto for Two Violins in D Minor, BWV 1043. Bach-Gesellschaft edition. 64pp. 9⅜ × 12¼. 25124-1 Pa. **$6.95**

GREAT ORGAN CONCERTI, OPP. 4 & 7, IN FULL SCORE, George Frideric Handel. 12 organ concerti composed by great Baroque master are reproduced in full score from the *Deutsche Handelgesellschaft* edition. 138pp. 9⅜ × 12¼. 24462-8 Pa. **$8.95**

COMPLETE CONCERTI GROSSI IN FULL SCORE, George Frideric Handel. Monumental Opus 6 Concerti Grossi, Opus 3 and "Alexander's Feast" Concerti Grossi—19 in all—reproduced from most authoritative edition. 258pp. 9⅜ × 12¼. 24187-4 Pa. **$13.95**

LATER SYMPHONIES, Wolfgang A. Mozart. Full orchestral scores to last symphonies (Nos. 35–41) reproduced from definitive Breitkopf & Härtel Complete Works edition. Study score. 285pp. 9 × 12. 23052-X Pa. **$12.95**

PIANO CONCERTOS NOS. 17–22, Wolfgang Amadeus Mozart. Six complete piano concertos in full score, with Mozart's own cadenzas for Nos. 17–19. Breitkopf & Härtel edition. Study score. 370pp. 9⅜ × 12¼. 23599-8 Pa. **$16.95**

PIANO CONCERTOS NOS. 23–27, Wolfgang Amadeus Mozart. Mozart's last five piano concertos in full score, plus cadenzas for Nos. 23 and 27, and the Concert Rondo in D Major, K.382. Breitkopf & Härtel edition. Study score. 310pp. 9⅜ × 12¼. 23600-5 Pa. **$13.95**